RAPPORT

FAIT AU NOM DU 7ᵉ BUREAU

Sur l'élection de M. d'Arras

DANS LA 1ʳᵉ CIRCONSCRIPTION

DE

L'ARRONDISSEMENT DE DUNKERQUE

Par M. BERNIER

Député d'Orléans, Notaire honoraire

(SÉANCE DU 27 MAI 1878)

DUNKERQUE

Imprimerie du PHARE, rue du Sud, 29. — A. Deworst.

1878

RAPPORT
Fait au nom du 7me bureau
SUR L'ELECTION DE M. D'ARRAS
dans la 1e circonscription de l'arrondissement de Dunkerque
Par M. BERNIER.

(Déposé dans la Séance du 27 mai 1878)

Les élections du 14 octobre dernier ont donné les résultats suivants :

Nombre des électeurs inscrits, 14,409, dont le quart est de 3,603.

Le nombre des votants était de 10,863.

Bulletins blancs et nuls à déduire, 26.

Suffrages exprimés, 10,837, dont la moitié est de 5,419.

M. d'Arras a obtenu 5,911 suffrages.

M. Trystram 4,905.

M. d'Arras ayant réuni un nombre de voix supérieur au quart des votants et à la moitié des suffrages exprimés, a été proclamé député par la commission de recensement.

Mais de nombreuses protestations sont venues dénoncer à la Chambre cette élection comme viciée par la candidature officielle et comme étant le résultat de manœuvres de nature à porter atteinte au suffrage universel. La première de ces protestations émane de M. Trystram, le concurrent du candidat proclamé ; les autres sont signées par un grand nombre d'électeurs de l'arrondissement de Dunkerque qui se recommandent par leurs professions et leur situation sociale, médecins, membres de la chambre de commerce, armateurs, négociants, capitaines au long cours, ingénieurs civils, imprimeur, conseillers municipaux, etc.

Votre 7e bureau de novembre, après avoir pris connaissance des allégations des signataires des protestations et des faits qu'ils signalent, a pensé que les faits étaient sérieux et qu'ils devaient faire l'objet d'un examen attentif. C'est à la suite de longues discussions dans le sein de la sous-commission et dans celui du bureau, et après avoir dans la sous-commission entendu MM. Varroy et Trystram, et dans le bureau M. d'Arras, qu'il a été décidé par une majorité qui, en définitive, a été de 14 voix contre 10, qu'un rapport concluant à l'invalidation serait présenté à la Chambre. C'est cette mission que nous venons remplir.

Examinons d'abord quelle était la situation respective des deux candidats. Ils habitent depuis longues années la ville de Dunkerque. M. d'Arras était, au 14 octobre, maire de Dunkerque, conseiller d'arrondissement ; il avait rempli à Dunkerque les fonctions de notaire.

M. Trystram était ancien député, l'un des 363, négociant, président de la Chambre de commerce, membre du Conseil général du nord.

Aux élections du 20 février 1876, M. Trystram avait obtenu, sur 13,595 électeurs inscrits, 5,874 suffrages, contre 3,930 qui s'étaient portés sur M. Dupuy de Lôme, son concurrent. Il avait donc 1,944 voix de plus que ce dernier.

Au mois d'octobre dernier, le nombre des inscrits est de 14,409 au lieu de 13,595 en 1876. Le nombre des votants est de 10,837 au lieu de 9,836 en 1876. C'est-à-dire que le nombre des inscrits a augmenté de 814 et que celui des votants est supérieur de 1,001 à celui de 1876. Mais M. Trystram, qui a obtenu 5,874 voix en 1876, n'en obtient plus en 1877 que 4,905 ou 967 de moins.

La majorité absolue en 1877 est de . . . . \. . . . . 5,419 voix.

M. d'Arras, qui obtient 1,981 voix de plus que M. Dupuy de Lôme en 1877, se trouve avoir . . . . . . 5,911 —

Soit 492 voix de plus que la majorité absolue . . . 492 voix.

Ce résultat était de nature à faire supposer que M. d'Arras jouissait à Dunkerque d'une plus grande influence que M. de Lôme, puisqu'il obtenait dans cette ville seule 1,243 suffrages de plus que ce dernier, et cependant quelques mois après, le 6 janvier 1878, aux élections pour le Conseil municipal, alors que le préfet du Nord et le sous-préfet de Dunkerque avaient été remplacés par des fonctionnaires gardant la neutralité, le premier nom de la liste républicaine obtenait . . . . 2,747 voix.

Tandis que le premier nom de la liste d'Arras n'obtenait que . . . . 1,971 —

Différence . . . 776 voix.

Le dernier nom de la liste républicaine obtenait. . . 2,591 voix.

Le dernier nom de la liste d'Arras avait . . . . 1,757 —

Différence . . . 834 voix.

La liste républicaine passait donc tout entière, et M. d'Arras qui, aux élections législatives, venait d'obtenir 2,890 voix à Dunkerque seul, n'en obtenait que 1,971 au plus, et encore à la condition d'être le premier élu de sa liste.

Sans faire de ce résultat un argument décisif contre l'élection de M. d'Arras, il y a lieu toutefois de l'en préoccuper dans une certaine mesure afin d'apprécier si son élection au 14 octobre est due à son influence personnelle ou si elle ne tient pas réellement aux causes multiples signalées par les protestations.

Avant d'aborder les divers faits reprochés soit à M. d'Arras, soit à l'administration qui l'a soutenu et patronné, voyons de quelle manière M. d'Arras est devenu candidat.

Il est établi que M. d'Arras ne s'est pas déterminé par lui-même à affronter la lutte électorale. Il le déclare, et rien ne le contredit.

Aux élections de 1876, M. Trystram avait obtenu 1,964 voix de plus que M. Dupuy de Lôme. Il semblait difficile de le combattre avec succès; aussi l'administration du 16 mai avait-elle beaucoup de peine à trouver un candidat.

Plusieurs noms furent mis en avant. Mais ce fut sur M. d'Arras que se fixa l'attention des partisans de la politique du 16 mai.

M. d'Arras ne se pressa pas d'accepter l'honneur périlleux qu'on lui offrait. Il voulait d'ailleurs mettre à son acceptation une délicate condition.

Les dépêches télégraphiques échangées entre le préfet du Nord et M. Loubens, sous-préfet de Dunkerque, et dont le ministre de l'intérieur a donné communication au 7e bureau, à la demande de son président, nous font connaitre les termes de la négociation entamée entre M. d'Arras et le sous-préfet, et l'acquiescement de l'administration à la condition mise par M. d'Arras à son acceptation. Nous ne pouvons mieux faire que d'en mettre le texte sous vos yeux.

13 septembre. — Sous-préfet à préfet :

« Je vous confirme l'avis contenu dans ma lettre de ce matin, de la possibilité de la candidature de M. d'Arras, maire.

« Il a promis une réponse définitive pour demain matin. Ses amis croient pouvoir assurer qu'elle sera favorable. »

14 septembre. — Sous-préfet à préfet :

« M. d'Arras accepte, à la condition expresse qu'avant candidature soit posée, ingénieur Plocq sera changé sans avancement; il le considère, non sans raison, comme la principale force de Trystram. Condition vous paraît-elle acceptable? »

15 septembre (10 h. 45). — Sous-préfet à préfet :

« Pouvez-vous me recevoir demain matin à 10 heures, avec deux conseillers municipaux de Dunkerque ? »

15 septembre (11 h. 25. — Préfet à sous-préfet :

« Je demande sur-le-champ déplacement de l'ingénieur. Presser cette négociation et engager vivement le maire. »

15 septembre (3 h. 30).

« L'audience demandée pour demain matin avait pour objet l'affaire dont vous m'indiquez la suite par votre dépêche chiffrée.

« Elle devient inutile, et je ne me rendrai pas à Lille demain si vous ne le jugez pas nécessaire. »

17 septembre (12 h. 30).—Sous-préfet à préfet :

« J'avais engagement d'honneur avant de vous proposer mesure concernant M. Plocq.

« Je vous adresse par courrier de ce soir engagement formel. Notre candidat va de l'avant, plein de confiance dans la réalisation de la condition posée. »

29 septembre. — Sous-préfet à préfet :

« Je vous signale un bruit répandu par opposition. On dit à Dunkerque aussi bien qu'à Gravelines, que la disparition de l'ingénieur n'est que momentanée, qu'il reviendra après l'élection. Il est donc urgent que la nomination de son successeur soit connue immédiatement. »

29 septembre.— Préfet à sous-préfet.

« M. l'ingénieur en chef de Dunkerque a son déplacement, et non pas un congé. Vous pouvez l'affirmer. »

1er Octobre.-- Préfet à sous-préfet :

« Par arrêté du jour, le ministre des travaux publics a nommé ingénieur en chef du service maritime à Dunkerque M. Eyriand Desvergnes, actuellement en résidence à Lons-le-Saulnier. Ce dernier est invité à se rendre immédiatement à son poste. »

18 octobre.— Préfet à sous-préfet :

« Ministre de l'instruction publique m'informe qu'il vient d'écrire à l'ingénieur en chef pour lui donner ses instructions. »

12 octobre.— Sous-préfet à préfet :

« On me signale de Gravelines la mauvaise attitude du service des ponts et chaussées.

Si instructions données par ministre auront été reçues par l'ingénieur ordinaire, plus que douteux.

Ingénieur en chef parti mercredi (10 octobre). J'ai vu ingénieur ordinaire sans obtenir de résultat. »

Ces dépêches, qui sont la preuve du triste pacte conclu entre l'administration du 16 mai à M. d'Arras, font préjuger tout ce que la lutte électorale va avoir d'ardeur et de violence.

M. d'Arras, le préfet et le sous-préfet veulent que M. Plocq soit déplacé, qu'il quitte Dunkerque avant le jour de l'élection ; qu'on sache bien que ce déplacement est définitif ; qu'il est une disgrâce, puisque M. Plocq ne doit pas avoir d'avancement. A quel sentiment M. d'Arras obéit-il. Il va nous le dire tout à l'heure. Le préfet et le sous-préfet, outre qu'ils déterminent par cette mesure M. d'Arras à se porter le candidat officiel de Dunkerque, espère exercer sur l'opinion une influence décisive pour le succès de la candidature.

Nous verrons plus loin par la lecture d'une des protestations quel fut l'effet produit par l'apparente disgrâce de M. Plocq

Bornons-nous ici pour compléter l'historique de ce qui s'est fait à l'occasion du déplacement de l'ingénieur en chef Plocq de mentionner le rapport fait par le chef de cabinet de M. le ministre des travaux publics le 26 septembre 1877, approuvé le 27 par le ministre, dans le but de donner à M. Plocq et sans doute au corps entier des ponts et chaussées l'explication de la grave mesure prise à l'égard d'un haut fonctionnaire de l'administration des travaux publics, d'ôter à cette mesure le caractère d'une disgrâce pour lui donner au contraire le caractère d'un avancement et dans le but surtout de cacher le motif véritable du déplacement de M. Plocq, dont on voulait bien se servir comme d'un moyen électoral, mais dont il était impossible à un ministre, quel qu'il fût, de proclamer la véritable raison.

On imagina de considérer comme essentiellement opportun d'étudier et de vulgariser les procédés pratiques et sagement économiques du commerce et de l'industrie maritime en Angleterre, en Belgique et en Hollande pour l'exploitation des ports de mer, tels que voies ferrées, grues et engins divers de chargement et de déchargement; hangars, entrepôts, formes de radoub, etc.

« Pour obtenir ce résultat, dit l'auteur du rapport, il faut qu'un ingénieur maritime, ayant déjà acquis une certaine expérience dans le fonctionnement et la construction de nos ports, soit chargé de visiter ces pays en y séjournant tout le temps nécessaire pour une étude complète de la question.

« M. Plocq, ingénieur en chef du département du Nord, me paraît réunir toutes les conditions voulues pour que cette mission lui soit confiée.

« Attaché au port de Dunkerque depuis vingt neuf ans, il a été chargé, en 1860, par décision ministérielle, de préparer un avant projet pour la création d'un établissement commercial maritime dans la rade de Brest; il s'est toujours fait remarquer par une saine appréciation de ce que l'on doit demander à des établissements de ce genre.

« La mission que je vous propose de confier à M. Plocq est trop importante pour le maintenir dans son service actuel.

« Si vous approuvez le présent rapport, j'aurai l'honneur de vous adresser ultérieurement des propositions tendant à pourvoir au remplacement de M. Plocq dans le département du Nord. »

Une dépêche du 1er octobre rappelée plus haut, indique que M. Eyriand Devergnes a été appelé par le ministre à remplacer M. Plocq.

Une autre dépêche annonce que M. Plocq a quitté Dunkerque le 14 octobre.

Ainsi a été exécutée la convention en vertu de laquelle M. d'Arras est devenu le candidat officiel, le candidat désormais dévoué au ministère du 16 mai, mais candidat exigeant par ce qu'il sait ce que le ministère lui doit.

Le déplacement de M. Plocq est peut-être le plus caractéristique des faits qui se sont accomplis depuis le 16 mai jusqu'au 14 octobre pour exercer contre le suffrage universel une action malfaisante et illégitime.

Le ministre, pour s'assurer la candidature de M. d'Arras, n'hésite pas, en pleine période électorale, à créer un service important, coûteux, sur le simple rap-

port de son chef de cabinet. C'est ainsi que, dans un intérêt purement électoral, il se sert des finances de l'Etat.

M. d'Arras déclare que s'il ne s'est pas opposé à ce que M. Plocq soit déplacé, il n'a pas demandé que ce fût sans avancement.

Il lui importait peu que M. Plocq eût ou n'eût pas d'avancement s'il était déplacé. M. Plocq avait donné lieu à de nombreuses réclamations de la part du Conseil municipal de Dunkerque, au sujet de sa manière d'exécuter les grands travaux entrepris dans le port. M. d'Arras considérait comme étant de la plus haute importance que l'exécution des travaux fût confiée à un autre ingénieur.

M. d'Arras avait déjà dit, dans sa circulaire aux électeurs, que le prompt achèvement des travaux d'amélioration du port de Dunkerque était une des raisons déterminante de sa candidature.

Dans une lettre reproduite dans les journaux de Dunkerque, M. d'Arras a également dit : J'atteste sur l'honneur qu'en acceptant, comme condition préalable à ma candidature, l'envoi à Dunkerque d'un ingénieur en chef qui donnerait une impulsion vigoureuse aux grands travaux du port, je n'ai eu en vue d'autre considération que l'intérêt de la ville de Dunkerque.

La Chambre jugera si, étant admis même que l'avantage de la ville de Dunkerque ait été le seul mobile de M. d'Arras, le motif est suffisant pour justifier le pacte conclu entre lui et le ministère.

Votre 7e bureau ne l'a pas pensé.

Le rapport concernant M. Plocq, dont nous avons rappelé plus haut des passages, rend hommage au mérite de cet ingénieur en chef; son déplacement n'a donc pas été motivé par son insuffisance ou son inaction : il ne peut être considéré et il n'a été considéré à Dunkerque et dans toute la circonscription électorale que comme un acte de candidature officielle, comme un moyen violent d'action sur l'opinion publique.

Cette impression est exactement reproduite dans une protestation adressée à la Chambre par M. Lebleu, maire de Dunkerque avant M. d'Arras, nommé maire de la même ville en remplacement de celui-ci depuis les élections du 6 janvier dernier, officier de la Légion d'honneur, commandant du génie en retraite.

Voici le texte du paragraphe 2 de cette protestation :

« La veille de l'ouverture de la période électorale, M. Plocq, ingénieur en chef des Ponts-et-Chaussées, résidant à Dunkerque depuis vingt-huit ans, marié dans cette ville et y ayant tous ses intérêts, a reçu l'ordre de la quitter sans retard pour une seule raison : qu'on le soupçonnait d'être favorable à M. Trystram. Les exigences de ce service n'ont été pour rien dans ce déplacement. M. d'Arras en avait fait une condition obligatoire et préalable de sa candidature. Ce déplacement était une manœuvre politique mettant en lumière la toute-puissance du candidat ; aussi l'on peut dire que tous les fonctionnaires de toutes les administrations, en présence du traitement infligé à un homme aussi haut placé et aussi universellement estimé que M. Plocq, ont tremblé pour eux-mêmes et ont voté sous l'impression d'une véritable terreur. »

La protestation de M. Lebleu est fortifiée par l'adhésion sans réserve que lui ont donnée des hommes qui, comme lui, jouissent à Dunkerque du respect et de la considération publics : MM. Petyt, chevalier de la Légion d'honneur, ancien président du tribunal et de la Chambre de commerce de Dunkerque ; Petyt fils, banquier, membre de la Chambre de commerce, et Mollet, ancien maire de Dunkerque (1845 à 1855), officier de la Légion d'honneur.

La Chambre retiendra la date du 14 octobre 1877 comme étant celle où M. d'Arcas a scellé son engagement avec le ministère du 16 mai, nous allons établir qu'aucune des parties contractantes, ministre, préfet, sous-préfet, candidat, n'a failli à sa mission ; que toutes, au contraire, ont concouru énergiquement, sans défaillance, au succès de l'œuvre commune.

Les faits qu'il importe à la Chambre de connaître se divisent en deux catégories ;

Faits accomplis par l'administration seule avec le consentement du candidat ;

Faits imputables plus spécialement au candidat et à ses partisans.

Faits accomplis par l'administration

III. — **Attitude et agissements de M. Loubens, sous-préfet, avant et pendant la période électorale.**

Nous avons vu de quelle façon le sous-préfet de Dunkerque a assuré au ministère du 16 mai un candidat pour la circonscription de Dunkerque ; nous avons vu que, pour obtenir le consentement de M. d'Arras, il n'a pas hésité à sacrifier le premier fonctionnaire de Dunkerque ; que le préfet et le ministère ont acquiescé avec empressement aux propositions du sous-préfet et aux exigences du candidat. La correspondance télégraphique échangée fait connaître quelle a été l'attitude du sous-préfet pendant toute la période électorale et avec quel zèle il s'est dévoué au succès de la candidature officielle.

Il se peint lui-même et sans réserve dans la dépêche suivante :

« 9 octobre. — Il est urgent qu'instructions que je vous prie de provoquer du ministre de la marine et du ministre de l'instruction publique, pour encourager le personnel de leurs services, soient envoyées, sinon nous aurons non-seulement des défections, mais encore des adversaires influents. Il y a de bonnes dispositions, mais elles sont neutralisées par les instructions antérieures. Pour avoir la fin, prendre les moyens. »

C'est là tout un programme. C'est le programme du 16 mai, c'est le programme des hommes qui se plaignent de ce que les bonnes dispositions des employés de la marine et de l'instruction publique soient neutralisées par les instructions antérieures, celles sans doute émanant de MM. Dufaure, Ricard, de Marcère, Jules Simon, Waddington et autres ministres du 20 février. Il faut, suivant eux, rapporter ces instructions pour encourager le personnel des services, c'est-à-dire pour le déshonorer, pour le corrompre, pour en faire un instrument docile dans la main du pouvoir.

Comment penser qu'un sous-préfet ait osé écrire dans de tels termes à son préfet sans craindre d'être l'objet d'un blâme

sévère, sinon d'une révocation immédiate!
Les instructions données par le préfet à
son subordonné et que nous ferons connaître plus loin, nous prouveront que le
préfet, sans être peut-être à la hauteur
du sous-préfet, n'était pas indigne de celui-ci.

Pour avoir la fin, le sous-préfet a pris
les moyens.

Son premier acte, dès avant la période
électorale, a été la fermeture du Cercle du
Progrès à Dunkerque, suivie de demandes
de renseignements sur les membres des
autres Cercles de Dunkerque. Nous re-
viendrons sur ces faits.

Dès le 25 septembre, lendemain de l'ouverture de la période électorale, M. Loubens se préoccupe d'un voyage à Gravelines ; il ne veut pas y aller sans porter
quelques secours, il les demande au préfet, il veut aussi y porter quelques nouvelles des questions dont il a entretenu le
préfet.

Nous parlerons plus loin des distributions de secours.

Le sous-préfet désire avoir sous sa main
le rédacteur d'un journal conservateur
Par sa dépêche du 25 septembre, il demande au préfet si M. Envin, rédacteur
au « Moniteur universel ». est un rédacteur capable et sûr; à quoi le préfet répond
le 26 septembre : Sous tous les rapports,
excellents renseignements sur M. Envin.

Le 14 octobre, le sous-préfet télégraphie au ministre de l'intérieur : « Une
personne intelligente et sûre, M. Dumont,
avocat, se rend à Paris et se présentera
vers neuf heures du matin chez M. Carraby. Veuillez l'en aviser. »

Le préfet répond le 5 octobre : « Le ministre de l'intérieur a désigné, selon votre désir, un avocat du barreau de Paris
pour plaider l'affaire en diffamation in-
troduite par M. d'Arras. C'est Mᵉ Carraby qui s'en est chargé. Il partira ce soir
et plaidera demain. »

M. d'Arras, candidat officiel, se considère comme diffamé : il intente un procès
au *Phare* de Dunkerque. Qui charge-t-il
du soin de choisir son avocat, lui, ancien
notaire, qui !... le ministre de l'intérieur.
Ce trait manquait à la candidature officielle.

Le procès d'Arras a joué dans l'élection
un rôle assez important pour que nous
nous en occupions plus tard spécialement.

Le 6 octobre, le sous-préfet mande au
préfet de lui faire savoir s'il serait possible, moyennant déclaration, versement de
cautionnement, de rendre quotidiens les
deux journaux conservateurs de Dunkerque. Ces cautionnements seraient versés
et les déclarations faites aujourd'hui.

Le préfet répond le même jour : « Il
suffit que les mutations, dans les conditions de publicité d'un journal, soient dé-
clarées dans les quinze jours.

Ces dépêches établissent que les deux
journaux réactionnaires de Dunkerque
étaient entièrement dans la main de l'administration.

Vers la même époque, le préfet télégraphie au sous-préfet : « C'est M. Plichon qui avait demandé le maintien du
sieur Laridon instituteur à Coudekerque;
il a dû écrire hier à M. d'Arras à ce sujet. J'attends vos nouvelles propositions,
s'il y a lieu. »

Le sous-préfet mande au préfet : « Le
sieur Laridon, instituteur à Coudekerque,
avait été nommé dans une autre commune. Son changement, attendu depuis long-
temps, avait produit un excellent effet.
Son maintien est regrettable, il est urgent
de lui assigner un autre poste. »

9 octobre. — Le sous-préfet se préoccupe
de la publication d'une lettre de M. Bagneris, ancien procureur impérial, alors
avocat général dans une cour d'appel, relative à M d'Arras, et écrite le 15 juin
1860. Il mande au préfet qu'il serait opportun que M. Bagneris fût appelé en con-
férence devant lui avec Mᵉ Carraby, avocat à Paris.

Le préfet autorise son sous-préfet à se
mettre immédiatement en rapport avec
M. Bagneris et M. Maurice, conseiller à la
cour de Douai, pour obtenir lettre nécessaire.

12 octobre. — Préfet à sous-préfet : «Le
ministre autorise la publication de la lettre Bagneris. »

Il s'agissait sans nul doute d'une nouvelle lettre de M. Bagneris rectifiant, ex-
pliquant ou démentant la lettre du 15 juin

1860, qui avait été produite par le gérant du *Phare* pour sa défense contre M. d'Arras et dont la lecture avait été interdite par le tribunal. Il ne semble pas que cette nouvelle lettre ait été publiée malgré l'autorisation du ministre.

Nous dirons plus loin que tous les moyens ont été employés par le sous-préfet et par le parquet pour empêcher la publication de la lettre du 15 juin 1860, qu'ils croyaient de nature à nuire à M. d'Arras.

13 octobre. — Le sous-préfet télégraphie à son supérieur :

« Prière de m'envoyer l'autorisation de réouverture du cabaret Lecoustier, à St-Pol, dit: Au Retour de la Chasse. »

Le préfet répond le même jour : « J'autorise la réouverture du cabaret Lecoustier, à St-Pol. »

Disons de suite que ce café a été fermé à cause de faits immoraux qui s'y étaient passés; qu'il a été fermé de nouveau depuis l'élection du 14 octobre pour des faits de même nature, mais que, situé en face de la salle de vote, il était nécessaire de le rouvrir au moins momentanément afin qu'il pût servir de lieu de réunion le jour de l'élection dans l'intérêt de la candidature de M. d'Arras.

Le 13 octobre, le sous-préfet télégraphie au préfet: « Le sieur Hubert, adjoint au maire de Teteghem, déjà signalé pour ses habitudes d'intempérance, étant en état d'ivresse, mercredi, dans un cabaret de la commune, tenait les propos les plus inconvenants contre le candidat officiel ; avait, dans la même journée, enlevé des mains d'un enfant chargé de le remettre à son père, un paquet envoyé par la poste. En présence de ces faits graves qui ont déconsidéré ce fonctionnaire, je vous prie de prononcer sa suspension et de provoquer sa révocation. »

La suspension fut prononcée le même jour 13 octobre, la révocation le fut aussi le 14 octobre. Un exprès, bride abattue, en apporte la nouvelle à la commune le 14 octobre, pendant le vote, » dit la protestation de M. Trystram.

Le sous-préfet se préoccupe vivement, comme moyen de propagande, des distributions de brochures. Aussi écrit-il au préfet, le 5 octobre : « Etes-vous en mesure de m'adresser un grand nombre d'exemplaires de l'exposé politique du Maréchal ? On m'en réclame. »

Le préfet répond de suite : « Je vous ai fait connaître, par ma dépêche du premier octobre, que vous devez demander directement au ministre le nombre d'exemplaires de la Politique du Maréchal qui vous serait nécessaire. »

Le sous-préfet écrit, à la même date du 5 octobre, au ministre : « Je n'ai pas reçu par courrier d'aujourd'hui les 14,000 manifestes dont vous m'annoncez l'envoi par courrier du soir ; vous pourriez ajouter en nombre égal la brochure de la Politique du Maréchal. — Très-urgent. »

11 octobre. — Dépêche au préfet : « Je n'ai pas reçu par courrier du soir les documents annoncés par votre télégramme chiffré de 9 h. 55 matin. Par qui le placard-manifeste sera-t-il envoyé dans les communes ? Quelle est la destination des ballots de bandes que j'ai reçus ce matin ? »

Réponse le même jour: « Vous recevrez demain matin les placards contenant le manifeste du Maréchal. »

Autre télégramme du préfet: « Les ballots de bandes n'ont pas de destination spéciale : je les mets simplement à votre disposition pour le cas où elles pourraient vous être utiles. »

Troisième télégramme du préfet, à la même date du 11 octobre :

« Indépendamment d'un placard-manifeste qui sera affiché demain dans toutes les communes, le même manifeste vous sera, par le courrier de ce soir, adressé directement du ministère, sous la forme réduite d'une affiche écrite à la main et au nombre de 2.000 exemplaires. Cet envoi est destiné à une distribution que chaque candidat, dûment averti par vos soins, opérera au moyen de ses agents personnels.

» Vous ferez parvenir aux candidats les recommandations les plus pressantes pour que cette distribution soit effectuée dans la plus large mesure possible et ait lieu de préférence le dimanche matin aux abords mêmes de la salle du vote.

» Il est essentiel d'assurer jusqu'au dernier moment le maintien du secret sur l'existence même du manifeste, autant du moins que le secret peut se concilier avec les présentes instructions.

» Adressez sur-le-champ l'avis nécessaire au candidat. »

Nul doute que ces instructions n'aient été exécutées par le fonctionnaire qui avait adopté cette devise : Pour avoir la fin, prendre les moyens. Nul doute qu'elles n'aient été exécutées avec le zèle que nous lui voyons déployer à l'occasion de l'élection de M. d'Arras pour tout ce qui peut contribuer au succès de cette élection qui sera son œuvre.

Nous le croyons d'autant mieux, que le sous-préfet semblait accuser l'autorité supérieure d'une certaine mollesse, ce qui a donné lieu entre lui et le préfet au colloque télégraphique suivant :

11 octobre. — Le sous-préfet : « Impossible de vous adresser le rapport sur la situation électorale de mon arrondissement; le temps me manque absolument. La situation reste assez satisfaisante, malgré moyens inouïs employés par adversaire, Jamais vu rien pareil. »

12 octobre. — Le préfet : Je ne comprends pas votre dépêche télégraphique, elle ne conclut pas. Demandez-vous mon intervention? Dites-moi alors pourquoi et au profit de qui. »

13 octobre. — Le sous-préfet : « L'objet de ma dépêche était de vous signaler une situation mauvaise pour l'amélioration de laquelle je ne pouvais rien et que des ordres supérieurs pouvaient seuls modifier. »

Le sous-préfet exprime sans doute ici avec moins de précision que précédemment l'opinion qu'il avait manifestée dans son télégramme du 9 octobre, rappelé plus haut, relativement à la nécessité d'instructions ou d'ordres à adresser aux fonctionnaires.

Les dépêches que nous venons de rappeler nous font, malgré leur laconisme obligé, pénétrer dans les détails secrets de l'élection du 14 octobre ; elles nous initient en partie aux moyens employés par les partisans du 16 mai. Que serait-ce si nous avions entre les mains la correspondance écrite échangée entre les sous-préfets, les préfets et les ministres ? Que de choses elle nous apprendrait !

Le préfet du Nord adressait aux sous-préfets de son département, sous la date du 13 octobre, la dépêche suivante :

« Préparez dès maintenant les éléments d'un rapport relatant les incidents de la période électorale et tous les faits à la charge des candidats hostiles, comme ceux reprochés aux candidats du Gouvernement.

» Donnez votre appréciation sur chacun de ces faits. Ce rapport devra me parvenir avant le 21 octobre.

Ce rapport a dû être adressé au préfet. Il est très-regrettable qu'il ne puisse pas être mis sous les yeux de la Chambre. Il eût été très-intéressant de voir comment M. le sous-préfet appréciait ses propres actes en même temps que les actes de ceux qu'il appelait les adversaires (dépêche du 11 octobre.)

II. — **Instructions adressées par M. Welche, préfet du Nord, au sous-préfet de Dunkerque, par dépêches télégraphiques.**

Colportage.

24 juin. — « Un sieur Orto s'adresse à moi, par télégramme, pour demander autorisation de colportage. S'il y a urgence, et que le pétitionnaire mérite intérêt, j'accorde autorisation provisoire jusqu'au 1er juillet »

28 août. — « Pauwels, inspecteur du *Nouveau Journal*, demande autorisation de colporter cette feuille ; je la lui accorde, mais pour ce journal seulement. »

1er octobre. — « Dans la période électorale où nous sommes, il convient de tenir fermement la main à l'exécution de mes instructions sur le colportage. Rien n'y a été changé. »

Saisies de Placards et Journaux

7 septembre. — « Faites saisir partout où il sera exposé ou mis en vente un placard contre lequel sont intentées des poursuites judiciaires et qui a pour titre : Défi de réponse à M. Paul de Cassagnac, chef

des bonapartistes, par ???, auteur de la *Lanterne d'un citoyen*, imprimerie Mervaud à Paris. »

26 septembre. — « Ne maintenez pas la saisie de trois brochures :

« La République, c'est la paix , la monarchie, c'est la guerre.

» Les 363 et le ministère, par G. Levavasseur.

» Et la Marseillaise de 1877.

» Les poursuites sont abandonnées à l'égard de ces brochures.

» Je crois devoir, en outre, vous faire connaître que, sans recourir à l'intervention des parquets, je puis, en vertu des pouvoirs que me confère l'article 10 du code d'instruction criminelle, délivrer réquisition à un officier de police judiciaire pour opérer saisie dans les bureaux de poste » des neuf autres brochures. »

La dépêche n'indique pas les titres de ces neuf brochures.

10 octobre. — » Les articles 7 de la loi du 11 mai 1868 et 8 de la loi du 18 juillet 1878 doivent être appliqués si le cas que vous me soumettez se réalise. »

Il s'agissait d'une lettre attribuée à M. Bagneris dont le sous-préfet redoutait la publication.

11 octobre. — « Un placard intitulé Votez contre les affiches blanches vient d'être imprimé à Paris, chez Masquin, et sera probablement adressé, par l'éditeur, à tous les candidats de l'opposition, qui, par l'accomplissement de la formalité du dépôt au parquet et par l'opposition de leur signature, prétendraient le faire bénéficier de l'immunité concédée par l'article 3 de la loi du 30 novembre 1875. Cette prétention n'est pas admissible, le placard n'ayant pas trait à une candidature spéciale et déterminée. Concertez-vous, le cas échéant, avec le parquet, pour empêcher l'affichage et la distribution. »

11 octobre. — « M. le ministre de la justice adresse aux procureurs-généraux une circulaire les avertissant qu'on essaye de répandre le bruit d'une alliance offensive et défensive entre l'Allemagne et l'Italie contre la France, en cas d'élections conservatrices, et les invitant à démentir ces bruits et à les poursuivre énergiquement comme fausses nouvelles en procédant contre leurs auteurs par moyens énergiques : arrestations, saisies, enlèvement d'affiches, etc.

» Concertez-vous sur-le-champ avec le parquet sur les mesures à prendre le cas échéant. »

12 octobre. — « Il est à prévoir qu'à la veille et au moment du scrutin on tentera d'afficher, sans les avoir déclarés ni déposés, des écrits outrageants, mensonges ou diffamatoires. Vous devez en conséquence, recommander aux agents de l'autorité, de redoubler de vigilance, et vous donnerez des ordres formels pour faire immédiatement enlever lesdites affiches ou saisir lesdits écrits pour contraventions : 1° aux articles 14,15 et 16 de la loi du 21 octobre 1814, qui imposent à l'imprimeur la déclaration et le dépôt préalablement à toute publication de tous écrits sortant de ses presses ; 2° à l'article 3 de la loi du 30 novembre 1875, qui permet la distribution et l'affichage des écrits électoraux qu'après dépôt au parquet desdits écrits signés par les candidats ou par des électeurs ; 3° à l'article 7 de la loi du 27 juillet 1859, qui prescrit aux imprimeurs de faire au parquet, vingt-quatre heures avant la publication, le dépôt de tout écrit de moins de dix feuilles d'impression de matières politiques. »

13 octobre. — « Aux termes de notre législation sur la presse, un journal doit être déposé au moment de sa publication au parquet et au secrétariat de la préfecture ou de la sous-préfecture. Il importe de rappeler cette prescription et de tenir la main à sa rigoureuse application. On tentera, aux derniers jours de la période électorale, de déjouer la surveillance que l'autorité a le droit et le devoir d'exercer sur la presse, et on s'efforcera de distribuer et d'expédier les exemplaires du journal avant que, par le dépôt, le parquet et l'administration aient pu connaître le contenu et le numéro, et provoquer ou prendre des mesures, en présence d'un délit caractérisé dont la répression d'urgence serait nécessaire. L'heure normale de l'apparition de tel ou tel journal paraissant dans votre arrondissement, vous est connue. Vous savez également à quelle

heure, ou par quel train, ou par quelle voiture se fait l'expédition au dehors. Si le numéro dont le dépôt n'aurait pas été effectué au moment de la publication n'a pu être saisi à raison de cette contravention dès sa sortie de l'imprimerie, vous devez être au moins en mesure de le faire arrêter aux messageries, à la poste, au chemin de fer. Vous n'hésiterez pas à réprimer par une saisie l'infraction volontaire aux dispositions de la loi, infraction qui, dans la pluralité des cas, aura été commise en vue d'amener la diffusion d'un écrit défectueux. »

Telles sont les instructions que le préfet du Nord adressait aux sous-préfets de son département. Elles n'avaient évidemment en vue que les écrits émanant des candidats non officiels, que les journaux soutenant leur candidature. Les entraves au colportage, à la distribution des écrits et journaux n'étaient pas pour le *Bulletin des communes*, pour les écrits diffamant les 363 : une liberté, une licence absolue leur étaient accordées.

En présence de ces instructions, on ne doit pas s'étonner des mesures de rigueur prises à Dunkerque contre M. Trystram et contre les journaux et les distributeurs d'écrits favorables à sa candidature. Nous allons les relater sommairement dans le paragraphe suivant.

Mais, avant cela, ajoutons ici une dernière dépêche du préfet au sous-préfet :

3 octobre. — « La correspondance l'*Union conservatrice* contiendra, à partir de demain, un bulletin financier que je vous engage à faire reproduire par les journaux conservateurs »

La sollicitude du ministère s'étend à tout ; il n'est pas jusqu'aux nouvelles de Bourse dont on ne veuille tirer parti. C'était le prélude des opérations financières qui seraient faites à la dernière heure au mépris de toutes les règles de la comptabilité et de l'honnêteté.

III. — Exécution à Dunkerque des instructions du préfet du Nord.

M. Trystram, dans sa protestation, rend compte, dans les termes suivants, des difficultés faites aux comités républicains et au candidat pour leurs publications :

« Dès les premiers jours de la période électorale, M. le sous-préfet exigeait l'accomplissement de formalités inconnues jusqu'alors.

« Exhumant une loi de 1814, ce fonctionnaire exigeait des imprimeurs une déclaration d'intention d'imprimer ; cette déclaration faite, il en faisait attendre le récépissé, et quand le récépissé lui était demandé, il avait soin de trouver que la déclaration n'était pas complète. La déclaration enfin régularisée, il exigeait, entre le dépôt légal au parquet, un nouveau dépôt à la sous préfecture, dont il trouvait moyen de faire encore attendre le récépissé, de telle sorte que des affiches ou des imprimés n'étaient entre les mains de ceux qui les avaient demandés que trois, quatre ou cinq jours après la commande.

« ...On est arrivé à refuser la déclaration d'intention d'imprimer pour des convocations à des réunions privées, sous prétexte que la date de la réunion était laissée en blanc.

« Il fallait même une déclaration d'intention d'imprimer pour des bulletins. »

M. d'Arras à rapporté au 7e bureau la preuve qu'il avait eu à remplir les mêmes formalités. Comme il ne s'est pas plaint de la manière dont elles se sont accomplies, il y a lieu de croire qu'il a trouvé à la sous-préfecture et au parquet plus d'obligeance et des dispositions plus bienveillantes que M. Trystram.

Les jugements rendus pour contraventions de colportage, du 9 octobre au 10 novembre, par le tribunal correctionnel de Dunkerque, ont été au nombre de 38 : ils ont eu les causes suivantes :

Défaut de dépôt administratif ;
Défaut de dépôt au parquet ;
Affichage illicite ;
Défaut de déclaration d'imprimer ;
Colportage sans autorisation.

Ces 38 jugements ont prononcé 94 amendes de 16 à 100 fr. s'élevant ensemble à 3,241 fr.

De ces amendes 23 ont été appliquées à M. Decupper, et 23 à M. Trystram, pour complicité de colportage.

43 contraventions principales ont été relevées au parquet pour procès verbaux dressés par ordre de l'administration.

Le bruit s'était répandu à Dunkerque que le journal le *Phare* devait publier à la dernière heure une lettre attribuée à M. Bagneris, ancien procureur de la République à Dunkerque et concernant M. d'Arras. Voici quelles ont été les mesures prises pour empêcher cette publication.

Le 13 octobre (lendemain de la date de la dépêche du préfet du Nord transcrite plus haut), le procureur de la République annonce à l'imprimeur qu'il veut user le soir même de tout son droit pour le visa du journal; que, le dépôt fait par l'imprimeur, il ne continuera le tirage que sur autorisation.

A la même heure, le commissaire de police venait à l'imprimerie faire la même recommandation.

A sept heures du soir, l'imprimeur vit devant sa porte un commissaire en surveillance. Sur sa demande ce commissaire lui répondit qu'il veillait à ce qu'aucun exemplaire du journal ne pût sortir.

Il y avait encore trois heures à attendre. L'imprimeur invita le commissaire à venir s'asseoir. Celui-ci dit qu'il allait en référer au procureur.

A huit heures, c'était le commissaire central qui avait pris la faction, il y était encore à neuf heures.

Le premier commissaire revint voir où en était le travail. Comme il demandait encore une heure, l'imprimeur l'engagea de nouveau à s'asseoir, il accepta.

Les deux premiers numéros imprimés furent portés par le commissaire au parquet avec invitation de ne pas continuer le tirage avant son retour, ce qui fut observé; pour s'en assurer du dehors, les portes furent laissées ouvertes, afin que de la cour on pût être certain que la machine ne marchait pas.

Peu après le départ du commissaire un agent de police vint le demander; sur la déclaration qu'il était sorti, l'agent s'en assura et se retira lui-même.

Retour du commissaire enjoignant par ordre du parquet de supprimer la lettre concernant M. d'Arras.

La lettre est retirée. La place reste en blanc. Ainsi modifié le journal s'imprime, deux numéros signés sont remis au commissaire qui va les soumettre au parquet.

Le commissaire était parti depuis dix minutes. On sonne, mais le bruit de la machine empêche d'entendre. On resonne. La porte ouverte cette fois, un nouveau commissaire se présente et demande d'une façon peu polie pourquoi l'on n'ouvre pas et où est son collègue. Il pénètre dans l'imprimerie.

L'imprimeur lui dit que si c'est le commissaire qu'il cherche, il est allé chez le procureur soumettre le journal.

Je croyais votre journal saisi? Comment mon collègue a-t-il quitté? N'est-il pas venu un agent? Telles furent les questions adressées par le commissaire.

Enfin, le premier commissaire revient et autorise à tirer le journal.

Toutes ces allées et venues ont duré jusqu'à près d'une heure du matin.

Malgré la longueur de ce récit, nous avons cru devoir le reproduire afin de montrer dans quel esprit on faisait exécuter à Dunkerque, le 13 octobre, les lois sur la presse, et pour mettre la Chambre à même de se faire une idée de l'impression qu'ont dû produire sur la population d'une ville de province ces allées et venues de commissaires et des agents, cet investissement si bizarre et si insolite de l'imprimerie d'un journal par la police.

Il y a lieu de supposer que l'imprimeur de M. d'Arras n'était pas l'objet d'une surveillance aussi rigoureuse que celle exercée sur le *Phare*, lorsqu'il imprimait un manifeste aux électeurs finissant par ces phrases:

« En votant pour mon concurrent, vous renouvellerez entre les pouvoirs un conflit qui peut amener la ruine de la France.

« N'oubliez pas que les 363, quelles que soient d'ailleurs les nuances qui les séparent, sont liés par un engagement avec les ennemis les plus acharnés de notre régime social. »

IV. — Affiches blanches.

La candidature de M. d'Arras a été annoncée par des affiches blanches portant son nom et l'indication : « Candidat du gouvernement du maréchal de Mac-Mahon. »

Le préfet du Nord, par dépêche du 19 septembre 1877 au sous-préfet de Dunkerque, annonçait à celui-ci que l'administration ferait afficher, immédiatement après la promulgation du décret de convocation des électeurs, des placards indiquant les noms des candidats du Gouvernement.

Le 27 septembre, il lui fait connaître qu'il lui enverra le soir même, au plus tard le lendemain, les placards dont il s'agit en lui laissant le soin d'en faire la répartition entre les communes de chaque circonscription.

23 septembre, autre dépêche, par laquelle le préfet enjoint au sous-préfet de ne répartir dès à présent que la moitié environ des placards qu'il lui envoie et de réserver le reste pour des répartitions ultérieures.

Au commencement d'octobre, le 3 très-probablement, le sous-préfet prie M. le préfet de lui envoyer, outre les 250 exemplaires du placard sur papier blanc au nom de M. d'Arras, candidat du Gouvernement, qu'il a demandés par lettre du 2 octobre, 1,000 exemplaires qui seront, en cas de besoin, payés par combinaison (sic). La dépêche ajoute : « Très-urgent. »

Le 11 octobre, dépêche du préfet aux sous-préfets, annonçant à ceux-ci l'envoi d'exemplaires des placards contenant le manifeste du Maréchal et d'un nombre égal d'affiches blanches donnant le nom du candidat officiel, avec recommandation de les distribuer immédiatement et sans le moindre délai (sic) entre les communes de chaque circonscription

V. — Projet de déplacement du principal du collège de Dunkerque.

M. d'Arras avait, dès avant la période électorale, demandé le renvoi de M. Bouvard, principal du collège de Dunkerque, bien qu'appuyé par son supérieur hiérarchique, le recteur de l'Académie de Douai, et avait fait d'énergiques démarches pour arriver à ce but.

Comme pour l'ingénieur en chef du port, il faisait de ce déplacement, dit M. Trystram dans sa protestation, une condition de son acceptation. L'allégation de M. Trystram n'est pas détruite par les dépêches ci-après.

Grâce à l'intervention de l'honorable M. Plichon, la mesure réclamée par M. d'Arras n'a pas été exécutée, nous en trouvons la cause dans les deux dépêches suivantes transmises en pleine période électorale.

« 3 octobre. — Préfet à sous-préfet.

« Le ministre de l'instruction publique a été informé par M. Plichon, que le maire de Dunkerque ne fait plus d'objections contre M. Bouvard. Persistez vous à demander son déplacement ? »

« 3 octobre. — Sous-préfet à préfet.

« Toutes satisfactions ayant été données au maire de Dunkerque, par M. Bouvard, je n'ai pas de raison d'insister pour son déplacement. »

M. Bouvard est donc resté à Dunkerque, par suite des satisfactions qu'il a données à M. d'Arras. Toujours est-il que les dangers qu'il a courus ont dû faire une vive impression sur l'esprit du principal du collège et sur celui des personnes qui ont connu les efforts faits par M. d'Arras pour obtenir le déplacement de ce fonctionnaire.

Il est probable que la mesure si grave du déplacement de l'ingénieur en chef, résolue le 15 septembre, et l'effet produit par cette mesure, ont engagé M. Plichon à intervenir pour empêcher un nouvel acte de rigueur qui eût pu n'être pas favorable à la candidature officielle.

M. d'Arras a expliqué dans le bureau que la demande de renvoi du principal du collège, faite par lui avant la période électorale, avant même qu'il fût candidat, n'avait aucun rapport avec la politique ; qu'elle avait pour cause des questions d'administration et de bonne tenue du collège ; que, du reste, aussitôt que satisfaction lui a été donnée, il a volontiers consenti à abandonner sa demande.

Les explications de M. d'Arras, non plus que ses dépêches, ne font connaître la nature des satisfactions données à M. d'Arras. M. Trystram a donc pu dire, dans sa protestation, à ce sujet :

« On avait montré sa force en sacrifiant

l'ingénieur en chef, on avait exigé la soumission du recteur et du principal, on pouvait aborder les électeurs : la terreur allait produire ses effets. »

VI. — Révocations de fonctionnaires ; déplacements.

M. Acq, commissaire de police à Dunkerque, est envoyé à Saint-Valéry. Voici à cet égard une dépêche du préfet au sous-préfet, en date du 15 septembre : « Veuillez prévenir M. Acq, nommé commissaire de police à Saint-Valéry-en-Caux, que M. le ministre de l'intérieur l'invite à regagner sans délai sa nouvelle résidence. »

M. Acq a été remplacé par M. Cédé, que nous verrons plus tard jouer un rôle actif dans l'élection.

M. Laridon, instituteur à Coudekerque, avait été envoyé dans une autre commune, puis replacé à la demande de M. Plichon. Nous avons vu plus haut combien le sous-préfet regrettait cette nouvelle mesure.

M Colignon, commissaire de police à Dunkerque, avait été nommé au Creusot, mais il refuse d'accepter, pour des raisons de famille. Le sous-préfet en donne avis au ministre par dépêche du 9 octobre.

Le 9 octobre, l'adjoint de Rosendaël est suspendu, puis révoqué le lendemain.

M. Ryckelinck, médecin du bureau de Rosendaël et de trois autres communes, est révoqué à la suite d'une conversation avec le sous-préfet, dans laquelle celui-ci le menace de destitution s'il ne tient pas une conduite conforme aux volontés du Gouvernement du maréchal de Mac Mahon. Une dépêche du 9 octobre, du préfet au sous-préfet, annonçant la révocation, est ainsi conçue : « Je reçois du ministre de l'intérieur dépêche m'autorisant à révoquer le médecin du bureau de bienfaisance de Rosendaël. Je vous envoie arrêté ce soir. »

L'adjoint de Téteghem, suspendu d'abord, est révoqué le 13 octobre.

Joignez à cela le déplacement de M. Plocq et la menace de déplacement du principal du collège, et vous aurez la liste des fonctionnaires révoqués, déplacés ou menacés dont nous avons les noms au dossier de l'élection.

Il a été dit dans le 7ᵉ bureau que le nombre des déplacements et révocations dans la circonscription de Dunkerque avait été relativement peu élevé, et que ces mesures n'avaient pu exercer une influence appréciable sur l'élection.

Nous ne pouvons admettre ce raisonnement, nous croyons au contraire que les révocations et déplacements, fussent-ils les seuls faits reprochables dans l'élection de M. d'Arras auraient suffi à assurer le nombre de voix suffisant pour le triomphe du candidat officiel.

La 1ʳᵉ circonscription de Dunkerque ne contient que 17 communes, y compris le chef-lieu. Quatre communes ont plus de 1,000 électeurs ; quatre en ont de 616 à 235 ; les neuf autres n'en ont que de 190 à 52.

Dans les communes importantes il existe un grand nombre de douaniers, 750 à 800. Les fonctionnaires de tout ordre sont également très nombreux. A Dunkerque il existe beaucoup de corporations qui relèvent des administrations ou de la mairie. La population est très-impressionnable ; tout ce qui touche à un fonctionnaire est un événement qui est vivement ressenti. Les fonctionnaires frappés appartenaient à de fortes communes, Dunkerque, Rosendaël, Téteghem, et on peut dire sans crainte d'exagération que les mesures prises contre ces fonctionnaires ont exercé une grande impression sur la population, eu égard aux conditions que nous venons d'indiquer.

VII. Fermeture du Cercle le Progrès, — Enquête sur les autres cercles

L'un des premiers actes de M. Loubens, sous-préfet du 16 mai, à son arrivée à Dunkerque, fut de demander la fermeture du cercle du Progrès de Dunkerque, par le motif qu'il était devenu une véritable association politique, et qu'il était sorti, par ce fait, des termes de son règlement.

Ce cercle était important, puisque le nombre de ses membres pouvait être de 400.

L'arrêté du préfet du Nord qui ordonne la fermeture du cercle est du 28 juillet 1877, il a été notifié une première fois le 29 juillet avec une erreur d'indication tenant à la précipitation avec laquelle cette mesure avait été prise. Le cercle était indiqué dans l'arrêté sous le nom de cercle du Progrès du Nord. Sur la réclamation du président du cercle du Progrès de Dunkerque, le nom a été rectifié sur l'arrêté, et une nouvelle notification a été faite le 2 août, s'adressant cette fois au président du cercle du Progrès de Dunkerque.

Le 6 août 1877, le commissaire central de Dunkerque écrivait aux présidents des quatorze cercles qui existaient encore à Dunkerque une lettre par laquelle il les priait de lui faire parvenir, aussitôt qu'il serait possible, une copie de leur règlement, et de lui donner en même temps les renseignements que lui demandait l'autorité supérieure, savoir ;

1° La liste des membres fondateurs ;

2° La liste à la date de la demande des membres qui font encore partie du cercle et pour ceux qui y sont entrés après la fondation en indiquant la date de leur admission.

Même lettre de rappel a été adressée le 28 août aux présidents des cercles.

Ces mesures, à pareille époque, étaient évidemment de nature à exercer une vive impression sur l'esprit des membres de ces nombreux cercles.

VIII. — Ouverture de debits à titre provisoire et définitif.

Le préfet télégraphie au sous-préfet de Dunkerque, le 31 août :

« S'il y a urgence, pouvez autoriser débit à titre provisoire. Néanmoins, évitez ce précédent autant que possible, car il préjuge absolument la décision. »

M. Trystram allègue dans sa protestation que trois autorisations de débits de boissons, à titre provisoire, ont été accordées à Dunkerque :

Quai du Leughenaer, titulaire, Bour ;

Rue de Calais, titulaire, Huogghe ;

Rue de la Gare, titulaire, Bonduel ;

Qu'une création définitive a eu lieu rue des Chaudronniers à Dunkerque et une autre à Petite-Synthe ; la première, en faveur du sieur Pierens ; la seconde, en faveur du sieur Bockelié.

Le sous-préfet a sans doute vu à ces ouvertures de débits l'urgence dont parlait le préfet.

Nous avons dit plus haut, paragraphe 1er, que le cabaret portant pour enseigne: « Au retour de la chasse, ou le Petit Lapin noir », avait été rouvert. Nous avons fait connaître quel nous paraissait avoir été le but de cette réouverture.

IX. —Fermeture des debits (10 octobre).

« Sous-préfet à préfet à Lille :

« On me signale le cabaret du sieur Fonton comme un foyer de propagande radicale. Envoyez-moi arrêté de fermeture. »

Nous ignorons si ce cabaret a été fermé; la dépêche nous autorise à le croire. Dans tous les cas, le sieur Fonton a sans doute été assez bien averti pour qu'il soit resté circonspect.

Nous verrons plus loin que le cabaret du sieur Decupper a été fermé à Dunkerque, et pourquoi.

En somme, il a été ouvert dans la circonscription de Dunkerque plus de cabarets qu'il n'en a été fermé. Nous aurons occasion de dire quel usage on a fait des cabarets pendant la période électorale, dans l'intérêt de la candidature officielle.

X. — Distribution de sommes d'argent.

Une protestation, signée le 20 octobre 1877 par vingt électeurs, signale que, le 26 septembre 1877, le sous-préfet de Dunkerque est venu à Gravelines, qu'il s'est rendu au Fort-Philippe et y a fait, de la part du maréchal de Mac-Mahon, à des veuves de malheureux pêcheurs, des distributions d'argent, annonçant qu'il reviendrait sous peu faire de nouvelles largesses au nom de Mme la maréchale à qui il allait demander des secours, et leur recommandant, ainsi qu'aux personnes à ces distributions, de solliciter leurs parents et amis de voter dans les élections en faveur du candidat présenté par l'administration.

Les signataires de la protestation ajoutent qu'en présence des souscriptions ouvertes à Dunkerque et à Gravelines pour venir au secours des malheureuses victimes de la campagne d'Islande de 1877, l'intervention directe du sous-préfet de Dunkerque, ses distributions et promesses d'argent à la veille des élections et ses recommandations leur ont paru une véritable manœuvre électorale.

Cette allégation de la protestation est loin d'être contredite par les dépêches suivantes :

« 25 septembre. — Sous-préfet de Dunkerque à préfet du Nord.

« Je compte aller demain matin à Gravelines. Je serais désireux de pouvoir y porter quelques secours ou quelques nouvelles des questions dont je vous ai entretenu. Pouvez vous me donner quelque solution ? »

« 25 septembre. — Préfet à sous-préfet.

« Vous pouvez disposer pour les malheureux de 100 à 150 fr. J'ai signalé la situation au Gouvernement et à Mme la Maréchale de Mac-Mahon. »

« 2 octobre. — Mme la Maréchale de Mac-Mahon a bien voulu accorder 500 francs pour les familles du bateau-pêcheur l'*Abeille*. Vous recevrez cette somme par premier courrier. »

Il est donc établi que des distributions de sommes d'argent ont eu lieu à Gravelines par le sous-préfet dès le surlendemain de l'ouverture de la période électorale.

On peut en induire que ces distributions ont profité à la candidature officielle et expliquent que M. d'Arras ait eu en 1877 quatre-vingts voix de plus que M. de Lome en 1876, tandis que, malgré l'augmentation du nombre des votants et des électeurs, M. Trystram n'a gagné que dix-neuf voix.

XI. — Remise de peines à quatre patrons pêcheurs de Gravelines.

« 9 octobre. — Sous-préfet à préfet :

« M. Mancel, commissaire de la marine à Dunkerque, a sollicité de M. le ministre de la marine, pour quatre pêcheurs de Gravelines, la remise de leurs engins de pêche, dont la saisie a été ordonnée, pour un délit de pêche, par le tribunal de Dunkerque. Ils ont en outre été condamnés à 125 francs d'amende dont la réduction est également demandée, mais cette dernière

mesure d'indulgence étant du ressort de M. le garde des sceaux, je vous prie de vouloir bien appuyer auprès des deux ministres la mesure d'indulgence demandée par le chef de la marine ; urgence, car les patrons privés de leurs engins ne peuvent plus gagner leur vie et sont sans ressources pour payer. »

N'est-il pas permis d'ajouter au motif d'urgence, invoqué par le sous-préfet, cet autre motif : Cinq jours seulement nous séparent de la période électorale; il serait utile que la remise de peine et la restitution des filets eussent lieu avant le jour du vote ?

Le préfet répond, sous la date du 11 :

« Les quatre patrons pêcheurs de Gravelines, condamnés pour délits de pêche, seront l'objet d'une grâce ; leurs filets leur seront rendus. Faites connaître, sans retard, leurs noms au ministre de la justice. »

XII. — Érection du hameau de Saint-Pol en commune.

Depuis plusieurs années, le hameau de Saint Pol, dépendant du village de Petite-Synthe, demandait à être érigé en commune.

M. Trystram avait été, à deux reprises, nommé commissaire enquêteur. Il avait émis aux deux fois un avis favorable à la distraction du hameau dont il s'agit de la commune de Petite-Synthe.

Les amis de M. d'Arras, dit M. Trystram dans sa protestation, avaient été très-opposants à cette mesure ; de nombreuses entraves avaient été apportées à son exécution.

Du moment où M. d'Arras est candidat, du moment où l'adoption de la mesure relative au hameau de Saint-Pol doit avoir une influence certaine sur les votes des électeurs de ce hameau, les difficultés s'aplanissent comme par enchantement, et, dès le 29 septembre, le président de la République rend un décret prononçant la séparation de la commune de Petite-Synthe en deux communes distinctes.

Lorsque le décret fut connu, l'administration en attribua de suite l'honneur à M. d'Arras. Une dépêche est transmise à celui-ci par le préfet, le 5 octobre, dans les termes suivants :

« Vous recevrez demain, notification du décret qui crée la commune de Saint-Pol. Le ministre, connaissant l'intérêt que vous attachez au succès de cette affaire, me charge de vous en prévenir. »

Le journal le *Phare*, qui combattait l'élection de M. d'Arras, ayant dit que celui-ci se parait des plumes du paon en s'attribuant le mérite d'avoir obtenu le décret de création de la commune de Saint-Pol, M. d'Arras fait publier dans le journal l'*Autorité*, feuille du samedi 13 octobre, l'article suivant :

« Point d'équivoque !

« Dans un article du *Phare*, on prétend que je me suis paré des plumes du paon, en m'attribuant le mérite d'avoir obtenu le décret de la création de la commune de Saint-Pol.

« Pour éviter toute équivoque, je reproduis ci-dessous la lettre que m'a adressée M. le ministre de l'intérieur antérieurement à l'article du *Phare*.

« Signé : D'ARRAS. »

« Ministère de l'intérieur, direction de l'administration départementale et communale. — 1re division, 1er bureau.

« A M. d'Arras, propriétaire,
« Paris, 6 octobre 1877.

« Monsieur vous m'avez fait l'honneur de recommander particulièrement à mon attention la demande formée par les habitants de la section de Saint-Pol, à l'effet de distraire leur section de la commune de Petite-Synthe, pour l'ériger en commune distincte.

« Je suis heureux de vous annoncer que malgré les difficultés que soulevait cette question j'ai pu obtenir, à la date du 19 septembre dernier, un avis favorable du conseil d'Etat.

« Le décret qui opère la distraction demandée a été notifié hier à M. le préfet du Nord.

« Pour le ministre de l'intérieur :
« *Le conseiller d'Etat directeur de l'administration départementale et communale,*
« Signé : DURANGEL.

« Pour copie conforme :
« Signé D'ARRAS. »

M. d'Arras ne s'est pas borné à publier cette lettre ; il l'a fait afficher et publier dans sa circonscription.

Tout cela ne constitue-t-il pas une manœuvre électorale au premier chef criée sur les toits par celui qui en profite ?

Comme les choses vont vite à Dunkerque en temps d'élection !

M. d'Arras est candidat officiel le 14 septembre.

Le 19 septembre, cinq jours après, le conseil d'Etat, donne un avis favorable à la demande de séparation, c'est-à-dire aux intérêts électoraux de M. d'Arras.

Le 29 septembre, le Président de la République rend le décret de séparation.

Le 5 octobre, le décret est notifié.

Pourquoi les affaires administratives, loyalement conduites, ne marchent-elles pas toujours aussi vite que celle-ci ?

Voici comment M. Lebleu et les autres signataires de la protestation du 26 octobre 1877 apprécient le fait de la division de la commune de Saint-Pol :

Pendant la période électorale, le hameau de Saint-Pol a été érigé en commune, et une lettre du ministère de l'intérieur, signée Durangel, a attribué faussement à M. d'Arras tout le mérite de cette mesure, tandis qu'en réalité c'est M. Trystram qui l'avait provoquée et qui avait veillé à l'exécution des formalités réglementaires qui devaient en amener la réalisation. La population de Saint-Pol, trompée par cette manœuvre, a donné à M. d'Arras des voix qui, sans cette circonstance, se seraient portées sur son concurrent.

Ajoutons qu'aux dernières élections, malgré l'augmentation du nombre des électeurs (1,229 au lieu de 905), M. Trystram n'a obtenu que 374 voix au lieu de 415 qu'il avait eues en 1876 (perte de 41 voix), tandis que M. d'Arras obtenait 526 voix au lieu 294 qu'avait obtenues M. Dupuy de Dôme (gain dans une seule commune, 232 voix).

XIII — **Poursuite à la requête de M. d'Arras contre un sieur Decupper et contre le journal le PHARE.**

M. d'Arras s'est plaint dans votre 7e bureau d'avoir été diffamé dans les derniers jours de la période électorale.

Un sieur Decupper aurait tenu dans son cabaret un propos de nature à porter atteinte à son honneur.

Le *Phare* a publié le texte d'une délibération de la chambre de discipline des notaires de Dunkerque, que M. d'Arras a dit ne pas connaître, dont il prétend que le texte a été falsifié et contre laquelle il s'est réservé, au cours de l'instance dont il va être parlé, de se pourvoir en faux.

Votre 7° bureau, qui n'a pas à apprécier cette publication, mais qui n'y est pas resté indifférent, a cru, d'après le désir de M. d'Arras devoir demander, par l'intermédiaire de M. le garde des sceaux la copie figurée de la délibération. Le retard mis à la production de cette pièce a empêché le bureau de présenter plus tôt son rapport sur l'élection de M. d'Arras.

Aussitôt que cette pièce a été remise à votre bureau, il l'a comparée avec les passages publiés par le *Phare* et il a reconnu que le texte de ces passages avait été exactement reproduit par ce journal, et que la reproduction incomplète n'avait pas dénaturé le sens, ni augmenté la portée de la délibération de la chambre des notaires.

M. d'Arras a déclaré que les propos tenus dans le cabaret de Decupper et la publication faite par le *Phare*, avec commentaires l'aggravant, de la prétendue délibération de la chambre des notaires, ont porté un grave préjudice à son élection. Il n'est pas d'ailleurs resté inactif devant les attaques dont il a été l'objet.

Par jugement du 6 octobre 1877, il a obtenu contre Decupper un jugement correctionnel qui a condamné ce dernier à 50 francs de dommages-intérêts, aux frais de l'insertion du jugement dans trois journaux de Dunkerque et à 100 francs d'amende. Ce jugement quoique frappé d'appel était publié dès le 11 octobre dans un journal de Dunkerque.

Par un autre jugement du 9 octobre 1877, sur la plainte de M. d'Arras le journal le *Phare* a été déclaré coupable dans la personne de M. Deworst, gérant responsable, et de M. Bertrand, rédacteur en chef, du délit de diffamation résultant d'articles publiés dans les numéros des 2, 4 et 6 octobre et notamment de la publication de la délibération de la chambre des notaires faite dans le dernier numéro.

Le tribunal a condamné Deworst à 200 fr. d'amende, Bertrand à 10 jours d'emprisonnement et à 200 fr. d'amende, les deux conjointement à 1,000 fr. de dommages intérêts envers M. d'Arras, qui demandait 10,000 francs, indépendamment de l'insertion du jugement dans trois journaux de Dunkerque, de son affichage à 200 exemplaires et de la confiscation des numéros du journal qui pourraient être saisis soit au bureau du journal soit entre les mains du dépositaire ; ce jugement comme celui prononcé contre Decupper, quoique frappé d'appel, a été publié dès le 11 octobre dans le journal *l'Autorité* et répandu dans le public sous forme de brochure à un grand nombre d'exemplaires.

Quelle a été l'influence des attaques dirigées contre M. d'Arras ? quel a été le préjudice qu'en a souffert son élection ? quel avantage moral cette élection a-t-elle, au contraire, retiré des condamnations prononcées contre Decupper, Deworst et Bertrand, de la publication si hâtive des jugements avant qu'il ait été statué sur l'appel de la fermeture du cabaret de Decupper ? Votre 7° bureau n'a pas les moyens de l'apprécier sûrement.

Le grand nombre de voix obtenu au jour du scrutin par M. d'Arras, dans une circonscription où tous hésitaient à se présenter contre M. Trystram, laisse supposer les voix qui avaient pu être enlevées à M. d'Arras, par les imputations jugées diffamatoires dont il a été l'objet, ont été infiniment moins nombreuses que les voix qu'il a obtenues à l'aide des manœuvres employées en sa faveur.

Les peines prononcées contre Decupper ont été aggravées par la fermeture de son cabaret, mesure employée tant de fois par l'administration avant et pendant la période électorale, et cette dernière mesure n'a pu avoir qu'un résultat favorable à M. d'Arras.

M. d'Arras, après les condamnations sévères obtenues par lui contre Decupper, Deworst et Bertrand, après la fermeture du cabaret de Decupper, après toutes ces satisfactions toutes ces réparations qu'il avait obtenues, ne devait-il pas s'abstenir de diffamer son concurrent par les paroles que nous avons déjà citées :

« N'oubliez pas que les 363, quelles que soient d'ailleurs les nuances, qui les séparent, sont liés par un engagement avec les ennemis les plus acharnés de notre régime social. »

Ces paroles, digne du *Bulletin des communes* n'ont-elles pas compensé et au delà les attaques dont il a été l'objet ?

Jusque dans le procès intenté au journal *le Phare*, on retrouve la main de l'administration. C'est elle qui, depuis le ministre de l'intérieur jusqu'au sous-préfet de Dunkerque s'est occupée du choix d'un avocat pour M. d'Arras. La Chambre se rappelle comment M. Carraby, du barreau de Paris, est venu plaider à Dunkerque la cause de M. d'Arras.

RÉSUMÉ

Nous venons de voir quelle a été l'action des agents du Gouvernement sur les élections de la circonscription de Dunkerque. Elle s'est manifestée notamment par les faits suivants, attestés par des pièces irréfutables.

Apposition d'affiches blanches, distribution sur une grande échelle d'écrits favorables à la candidature officielle.

Déplacement de l'ingénieur en chef.

Menaces de déplacement du principal du collège.

Déplacement de deux commissaires de police.

Déplacement, puis réintégration du sieur Laridon, instituteur à Coudekerque.

Destitution de l'adjoint de Rosendaël.

Destitution de l'adjoint de Téteghem.

Entraves au colportage des écrits et journaux favorables à M. Trystram.

Distribution de secours à Gravelines.

Remise de peines à quatre patrons pêcheurs.

Fermeture de cercles à Dunkerque ; enquête sur les autres cercles.

Fermeture de débits de boissons.

Ouverture à titre provisoire ou définitif de débits.

Entraves à la liberté du colportage et de l'affichage des écrits concernant la candidature de M. Trystram ; nombreuses condamnations judiciaires.

Entraves à la liberté de l'impression des écrits et des journaux concernant la même candidature.

Publicité insolite donnée à la division de la commune de Petite-Synthe en deux communes.

Tels sont, en résumé, les moyens employés par les agents du Gouvernement pour exercer sur les électeurs une pression que nous pouvons appeler déloyale. Les dépêches rappelées plus haut ne peuvent laisser aucun doute sur le but pour lequel toutes ces mesures ont été prises.

Un membre de la minorité du bureau a cherché à soutenir que toutes ces mesures n'avaient rien que de naturel ; qu'elles constituaient des actes de l'administration qui devaient être fait en tout temps qui ne pouvaient être entravés ni retardés par la période électorale ; que les conséquences qu'on entendait tirer de ses actes contre M. d'Arras étaient au moins exagérées, sinon absolument fausses.

Le même membre s'est efforcé d'établir, que le préfet et le sous-préfet avaient usé d'une grande modération au cours de la période électorale ; que les mesures de révocation et de déplacement avaient été relativement rares dans l'arrondissement de Dunkerque.

« Dans tous les cas, a-t-il ajouté, les actes de l'administration ne sont pas imputables à M. d'Arras ; il ne peut pas être responsable de l'excès de zèle auquel ses agents auraient pu se laisser entraîner. »

Cette justification des agents de l'autorité et de M. d'Arras n'a pas été accueillie par la majorité de votre 7ᵉ bureau, qui n'a pas pu attribuer au hasard, à de simples coïncidences de dates les faits qui ont donné lieu aux mesures prises par l'administration. Votre bureau les a au contraire considérés comme des manœuvres électorales qui ont vicié les opérations de la 1ʳᵉ circonscription de Dunkerque, et qui motivent surabondamment la proposition d'invalidation de l'élection de M. d'Arras. »

La tâche de votre rapporteur, au sujet de l'invalidation, serait donc terminée ; mais il a semblé à votre bureau qu'il ne pouvait pas passer sous silence des faits très-nombreux signalés par les productions imputables soit à M. d'Arras, soit à ses agents et à ses partisans ; que ces faits devaient être signalés à la commission d'enquête et qu'il était dès lors nécessaires de les rappeler. C'est ce qui va être fait.

Faits imputables à M. d'Arras : à ses agents et à ses adhérents.

Les faits reprochés à M. d'Arras et à ses adhérents sont tellement nombreux, qu'il est impossible de les examiner et de les discuter un à un, sans donner à ce rapport déjà trop long une extension et des développements qui nous semblent inutiles. Nous nous bornerons donc à les résumer brièvement, en faisant observer à la Chambre que l'imputation générale de ces faits résulte d'une protestation signée par 61 électeurs de Dunkerque appartenant aux classes les plus éclairées de la population de Dunkerque.

Voici, en les groupant, l'indication sommaire de ces faits :

I. — Distribution de bulletins de M. d'Arras à Dunkerque et environs.

Une déclaration spéciale, signée, le 11 février dernier, de 95 électeurs de Dunkerque, rentiers, manufacturiers, négociants, filateurs, armateurs, médecins, capitaine au long cours avocat, courtiers maritimes, propriétaires, conseillers municipaux, avoué, commis, ouvriers, etc., porte qu'il y avait en ville, le 14 octobre au minimum 5 à 600 porteurs de bulletins pour M. d'Arras, et de plus qu'il y avait dans les communes de la circonscription au moins 2 ou 300 distributeurs.

Le nombre d'électeurs inscrits à Dunkerque ville était de 7,806. Il y avait donc, à 500 distributeurs seulement, un distributeur par 15 électeurs ; à 600 distributeurs, 1 distributeur par 13 électeurs.

M. d'Arras a articulé que le nombre de distributeurs de ses bulletins ne dépassait pas 300 au total.

Les membres du comité républicain de Dunkerque, au nombre de dix, attestent qu'il avait été désigné pour l'élection du 14 octobre 120 distributeurs pour M. Trystram pour la ville et 40 pour la campagne, mais qu'au cours de la journée il a été ajouté 30 distributeurs pour la ville, sur la demande de plusieurs membres du comité (10 février 1878).

Il a été articulé que les porteurs de bulletins de M. d'Arras étaient engagés à raison de 10 francs par jour en cas de non-réussite, et à raison de 20 francs par jour si M. d'Arras était nommé.

M. d'Arras n'a pas contesté l'exactitude de cette allégation, tout en soutenant que la convention était licite et loyale et ne pouvait constituer au grief contre lui.

On remarque, sur certaines attestations, que 20 francs avaient été remis d'avance à des distributeurs, à la condition de restituer 20 francs en cas de non-réussite de l'élection de M. d'Arras.

Plusieurs pièces jointes au dossier attestent que la condition de voter pour M. d'Arras a été faite à un certain nombre d'électeurs, ce qui constituerait un achat de voix.

D'autres pièces, émanant de porteurs et de distributeurs de bulletins de M. d'Arras, portent qu'on a bu gratuitement dans différents cabarets de Dunkerque, et ce, avant le jour de l'élection.

M. d'Arras a opposé un démenti formel à ces allégations.

II. — Sommes remises en argent à des électeurs ou payees pour boissons dans les cabarets.

13 certificats indiquent que des sommes d'une certaine importance (135 fr., 105 fr.) ont été employées à donner à boire gratuitement à un grand nombre d'électeurs pendant la période électorale. Ces certificats font connaître les noms des cabaretiers et ceux des agents qui fournissaient les sommes en vue d'obtenir des voix à M. d'Arras.

D'autres certificats énoncent que des sommes importantes ont été distribuées par les soins du sieur Daman aux ouvriers qui promettaient de voter pour le candidat officiel ; que le comité de M. d'Arras distribuait aussi dans le même but de l'argent aux ouvriers.

Ces certificats ajoutent que M. d'Arras, au moyen de son comité, donnait une augmentation d'un quart de pain aux pauvres de la ville, et que les vieillards de l'hospice recevaient une gratification de 2 francs afin de voter pour M. d'Arras.

Celui-ci conteste la sincérité de ces certificats et s'élève avec énergie contre les faits qui y sont rapportés.

III. — Vote des vieillards des hospices.

Une lettre écrite par M. Vanlerberghe fils, le 17 octobre, à M. Trystram, signale les faits suivants qui se seraient passés le 14 octobre :

Les vieillards pensionnaires de l'hospice communal sont arrivés escortés au vote : 1° par M. E. d'Arras, l'un des administrateurs, qui ne les a accompagnés que jusqu'au coin de la rue Benjamin Morel ; 2° par M. Blavoet, un des employés de l'économat, qui les dirigeait jusqu'au lieu du vote.

M. Vanlerberghe et M. Belle, qui l'accompagnait, ont vu plusieurs des vieillards seuls dans la rue des Deux-Hôpitaux en attendant que M. Blavoet vînt les chercher pour voter, et leur ont remis des bulletins Trystram ; mais M. Cédé, inspecteur spécial de police, s'en étant aperçu, se mit à suivre les vieillards qui montaient pour voter et ouvrit les bulletins qu'ils avaient pour s'assurer s'ils étaient bien ceux qu'ils avaient reçus à l'hospice même.

M. Vanlerberghe tenait d'une personne de l'hospice que les vieillards ne pouvaient pas voter pour d'autres que M. d'Arras, le bulletin d'Arras leur ayant été remis plié avec leurs cartes d'électeur.

L'auteur de la lettre voulut entrer en même temps que les vieillards, avec M. Lacroix, afin de surveiller ces agissements ; mais M. Cedé les en empêcha, aidé de ses agents et des gendarmes de service, alléguant que MM. Vanlerberghe et Lacroix avaient déjà voté et qu'ils n'avaient pas le droit de pénétrer dans la salle du vote.

Une autre déclaration, signée de M. L. Belle, porte que M. d'Arras, frère du candidat, a escorté jusqu'à la porte du scrutin, le 14 octobre, un groupe de vieillards et de malades de l'hospice civil ;

Qu'un second groupe de vieillards suivait le premier, sous la conduite du concierge de l'hospice civil ;

Qu'un troisième groupe, composé de vieillards, aveugles ou paralysés, est arrivé en voiture ; les hommes qu'on a descendus de l'omnibus pleuraient et ne pouvaient se traîner jusqu'au scrutin.

IV. — Intervention du frère directeur des écoles chrétiennes de Dunkerque.

La protestation de M. Lebleu et autres, déjà mentionnée, articule que le frère directeur des Écoles chrétiennes a envoyé, avec une lettre autographiée, un bulletin de vote du candidat officiel aux parents des enfants qui fréquentent ces écoles, ainsi qu'aux habitués du cercle qui se tient dans le local même des écoles des frères. Cet envoi constitue une pression évidente sur une nombreuse catégorie d'électeurs, ajoute la protestation.

La lettre du billet adressé aux parents des élèves est ainsi conçue :

« Monsieur, je vous adresse un bulletin de vote pour l'élection de dimanche 14 octobre.

« Signé : Fr. GATIEN »

Ce billet est autographié sans indication de nom d'imprimeur.

Plusieurs exemplaires existent au dossier, accompagnés d'une lettre de M. Mollet, ancien maire de Dunkerque, dont voici la teneur :

« Afin de donner plus de valeur à la protestation eu ce qui concerne les écoles il me semble de dire qu'elles sont communales, gratuites ; que les admissions sont prononcées par le maire sur vu des demandes des parents ; que, dès lors, la pression administrative a dû avoir une grande influence sur l'esprit des parents. »

V. — Intervention des petites sœurs.

M. Trystram signale la part prise à l'élection par les sœurs, qui ont dans leurs classes et dans les salles d'asile qu'elles dirigent plus de 2,000 enfants ; elles auraient remis à leurs élèves un petit papier plié en quatre, avec recommandation de le donner à leurs pères. Ce papier contenait : « Votez pour M. d'Arras. »

Ce fait est attesté par M. Bichain, imprimeur lithographe à Dunkerque.

Il a toute l'importance signalée par M. Mollet, à l'occasion de l'intervention du frère directeur des écoles chrétiennes de Dunkerque.

VI. — Formation et tenue des bureaux le jour du vote.

Des électeurs des sections du Musée, de l'Hôtel de Ville, de l'hôtel des sapeurs pompiers et de la Panne constatent que le bureau avait été constitué d'avance, contrairement aux prescriptions de la loi.

Des électeurs se plaignent de la manière dont M. Pierre Marchand, président de la 2e section électorale de Dunkerque, recevait les bulletins, les palpait, les dépliait partiellement, les examinait avec un soin tout exceptionnel.

M. Marchand était le 3e adjoint de Dunkerque, nouvellement élu à la suite d'une dépêche adressée par le sous-préfet au préfet, au moment même de l'acceptation de la candidature officielle par M. d'Arras.

Cette dépêche est ainsi conçue :

15 septembre. — « Prière faire nommer M. Pierre Marchand 3e adjoint au maire de Dunkerque. — Urgent.

« Enverrai par premier courrier proposition régulière. »

Un électeur, M. Gallois, déclare « que, pendant le vote du 14 octobre, deux gendarmes de la marine se sont promenés dans l'intérieur de la salle du vote, rue de la Panne ; qu'on voyait en outre circuler dans la salle un commissaire de police et de deux à cinq agents de police. Lorsque la proclamation des votes a été faite, toute cette force armée était derrière le président du bureau.

« Je suis âgé, mais je n'ai vu de ma vie une pareille intimidation.

« Dunkerque, le 16 octobre 1877.

« Signé : GALLOIS. ».

Dans la 2e section, celle du Musée, nous étions disent quatre électeurs, gardés par un commissaire, par de nombreux agents de police, par des gendarmes, et plus tard par un nombreux détachement de la troupe de ligne, bien que rien ne justifiât une telle mesure.

En vue de s'assurer de la régularité des opérations, quatre électeurs se sont présentés à la mairie le 20 octobre pour avoir la communication des listes d'émargement. Le mauvais vouloir qui leur a été montré a été tel, qu'il a fallu recourir à l'autorité du président du tribunal et à l'intervention réitérée d'un huissier.

Qu'on n'oublie pas que M. d'Arras était le chef de la municipalité de Dunkerque et que c'est lui qui a répondu aux plaintes nombreuses qui se sont élevées à propos de la tenue des bureaux de vote, de la formation des listes électorales, de la distribution des cartes d'électeurs, de la manière dont les bureaux de sa mairie ont accueilli les réclamations, de la recommandation faite par plusieurs employés de la mairie aux électeurs de voter pour M. d'Arras.

VII. — Faits divers.

Les protestations remises à votre 7e bureau contiennent l'indication d'autres faits de pression, de corruption, d'intimidation qui, pris isolément, auraient chacun leur gravité, et qui, réunis, donneraient à l'élection de la 1re circonscription de Dunkerque un caractère qui appellerait sur elle toute l'attention de la Chambre et celle de la commission d'enquête.

Les faits, nous le répétons, sont trop nombreux pour que nous puissions même les indiquer : additions de noms sur les listes électorales de Coudekerque-Branche, de Téteghem et de Saint-Pol, arrêtées le 31 mars ; vote du même électeur dans deux communes ; électeurs ayant voté quoique leur nom ne figurent pas sur les listes d'émargement ; irrégularités de toute nature ; promesse d'une croix d'honneur à un maire ; prédication du curé de Rosendaël et de celui de Teteghem ; arrestation immédiate, à Rosendaël, par le garde champêtre et deux gendarmes, malgré le sursis qui lui avait été accordé, d'un individu condamné pour délit de chasse, parce qu'il distribuait les bulletins de M. Trystram ; sursis à l'incarcération de son beau-frère, condamné pour le même fait, parce qu'il n'en distribuait pas ; affiches Trystram arrachées par le fils du maire de Rosendaël ; menace au sieur Plouvin ; chargé de placarder les affiches de M. Trystram et de distribuer ses professions de foi et bulletins à Gravelines, etc., etc. Tels sont en partie les faits qu'il est important que la commission d'enquête examine et vérifie.

Si, pour cette deuxième catégorie de faits, les allégations des protestataires se justifient comme pour ceux de la première catégorie, une lumière éclatante se fera sur toute l'élection de Dunkerque, et il pourra être apprécié en connaissance de cause quelle satisfaction devra être donnée à la loi violée et à la morale publique outragée.

Votre 7e bureau qui a déjà conclu à cause de la première catégorie de faits, à l'invalidation de l'élection de M. d'Arras. conclut en outre au **renvoi du dossier tout entier à la commission d'enquête.**

M. le rapporteur quitte la tribune.

Après discussion le président dit :

Le 7e bureau conclut à l'invalidation de l'élection de M. d'Arras dans la première circonscription de l'arrondissement de Dunkerque et au **renvoi du dossier à la commission d'enquête.**

Il va être procédé au scrutin.

(Le scrutin est ouvert et les votes sont recueillis.)

M. le président. Voici le résultat du dépouillement du scrutin.

Nombre des votants.......... 455
Majorité absolue.............. 220

Pour.............. 321
Contre 134

La Chambre a adopté les conclusions du 7⸱ bureau et invalide l'élection.

Imprimerie du PHARE DE DUNKERQUE, r. du Sud, 29. — A. Deworst.